Dirk Konnertz & Christiane Sauer

Lernspaß

– fit in 30 Minuten

Kids auf der Überholspur

Die Deutsche Bibliothek - CIP-Einheitsaufnahme

Ein Titeldatensatz für diese Publikation ist bei
Der Deutschen Bibliothek erhältlich

Herausgeber: Das LernTeam, Marburg
Redaktion: Sandra Klaucke, Astrid Hansel, Frankfurt/Main
Layout, Illustrationen, Titel: Ulf Marckwort, Kassel
Layout, Satz: Frank Werner, Kassel
Druck und Verarbeitung: Salzland Druck, Staßfurt

4. Auflage 2005

Hinweis:
Dieses Buch ist sorgfältig erarbeitet worden. Dennoch erfolgen alle Angaben ohne Gewähr. Weder Autoren noch Verlag können für eventuelle Nachteile oder Schäden, die aus den im Buch gemachten Hinweisen resultieren, eine Haftung übernehmen.

Printed in Germany

www.gabal-verlag.de

ISBN 3-89749-072-2

In 30 Minuten auf die Überholspur!

Dieses Buch ist so konzipiert worden, dass du in kurzer Zeit erfährst, wie erfolgreiches Lernen funktioniert.

- Jedes Kapitel beginnt mit drei zentralen Fragen, die im Verlauf des jeweiligen Kapitels beantwortet werden.

- Nach jedem Kapitel werden die wichtigsten Inhalte noch einmal zusammengefasst.

- Am Ende des Buches geben wir dir einen Gesamtüberblick in Form von 7 (plus 1) starken Lerntipps.

Da dieses Buch so klar und deutlich strukturiert ist, kannst du es immer wieder zur Hand nehmen, um schnell die für dich interessanten Teile zu wiederholen. Das Stichwortregister wird dir dabei eine zusätzliche Hilfe sein.

Inhalt

Hallo und herzlich willkommen!

Misserfolg und Frust in der Schule entstehen meistens dann, wenn Schüler nicht wissen, wie sie lernen sollen. Auch bei dir werden Motivation und Spaß beim Lernen nur dann entstehen, wenn du weißt, wie du richtig lernen kannst. Findest du deine persönlichen Erfolgsstrategien beim Lernen, sparst du nicht nur Zeit, sondern lernst auch effektiver und damit erfolgreicher. Je mehr Erfolgserlebnisse du hast, umso besser kannst du auch mit Stress, Angst und Frust umgehen. Das gute Gefühl, auf dem richtigen Weg zu sein, wird dir dabei helfen.

Damit du in Zukunft weißt, wie es besser geht, wollen wir dir helfen, folgende wichtige Fragen zu beantworten:

- Wie kann ich Lernstoff besser verstehen und behalten?
- Wie kann ich das Wichtige aus Texten herausfiltern?
- Wie kann ich mich über einen längeren Zeitraum konzentrieren?
- Zu welcher Zeit und an welchem Ort soll ich lernen?
- Wie erreiche ich das, was ich mir vorgenommen habe?
- Was kann ich gegen „Null Bock“-Stimmung beim Lernen machen?

Dieses Buch soll dir dabei helfen, deine weniger Erfolg bringenden Gewohnheiten beim Lernen abzulegen und durch neue Erfolg bringende Strategien zu ersetzen. Dazu stellen wir dir eine Reihe von Methoden und Techniken vor, die du leicht verstehen und schnell umsetzen kannst.

Aufbau des Buches

- Im *Kapitel 1* erläutern wir dir die Funktionsweise deines Gehirns und deines Gedächtnisses. Du erfährst mit Hilfe eines Tests, welcher Lerntyp du bist und welche Strategien für deinen Lerntyp die besten sind.
- Erfolgreiche Lernstrategien zur Textarbeit, Ideensammlung, Gliederung und Wiederholung stellen wir dir in *Kapitel 2* vor.
- Wie du in Zukunft konzentrierter und zeitsparender lernen kannst, erfährst du in *Kapitel 3*. Dort geht es neben einfachen „Aufwärmübungen" für dein Gehirn um die Gestaltung deines Arbeitsplatzes und die geschickte und effektive Planung deiner Lernzeit.
- In *Kapitel 4* zeigen wir dir, wie wichtig die Planung deiner schulischen Ziele ist. Denn nur wenn du weißt, was du erreichen möchtest, hast du auch wieder Spaß am Lernen.

Viel Erfolg wünschen dir
Dirk Konnertz & Christiane Sauer
(www.lernteam.de)

1. Wie lerne ich richtig?

Wie funktioniert dein ganz persönlicher Lerncomputer?

Wie gelangt der Lernstoff in dein Gehirn?

Wie kannst du dir deinen Lernstoff besser und länger merken?

Du nimmst deine Umgebung vorwiegend über deine fünf Sinne wahr, nämlich über das:

- Sehen (visuell),
- Hören (auditiv),
- Fühlen (kinästhetisch),
- Schmecken (gustatorisch) und
- Riechen (olfaktorisch).

Auch am Lernen sind deine Sinne beteiligt. Jüngere Schüler lernen noch sehr stark über das Fühlen bzw. das Gefühl. Ab der 5. Klasse sind jedoch vorwiegend visuelle und auditive Fähigkeiten beim Lernen gefragt. Diese Umstellung ist wichtig, um z. B. mit abstrakten Lerninhalten umgehen zu können, um Tabellen, Diagramme und Schaubilder zu verstehen, um sich schnell einen Überblick über eine bestimmte Sache oder ein Thema zu verschaffen und um den Worten der Lehrer und Mitschüler folgen zu können. Besonders erfolgreich lernst du dann, wenn du möglichst viele Sinne dabei benutzt – darüber sind sich Mediziner, Gehirnforscher, Pädagogen und viele weitere Experten einig. Das Erfolgsrezept besteht also darin, über möglichst viele Zugangskanäle (Sehen, Lesen, Hören, Fühlen, Schreiben etc.) den Lernstoff im Gedächtnis zu verankern.
Wir möchten dir nun zeigen, wie du richtig lernen kannst, dabei Erfolg und obendrein auch noch Spaß haben wirst.

Der Computer in deinem Kopf

Dass Lernen mit allen Sinnen so effektiv ist, liegt an der Funktionsweise deines persönlichen Lerncomputers – also an deinem Gehirn und deinem Gedächtnis.

Die Hardware: linke und rechte Gehirnhälfte

Dein Großhirn besteht aus zwei Hälften. Jede Gehirnhälfte ist das Steuerungszentrum für bestimmte Fähigkeiten, Wahrnehmungen und Tätigkeiten.
Die folgende kleine Grafik soll dir die Funktionsweise des Gehirns modellhaft verdeutlichen.

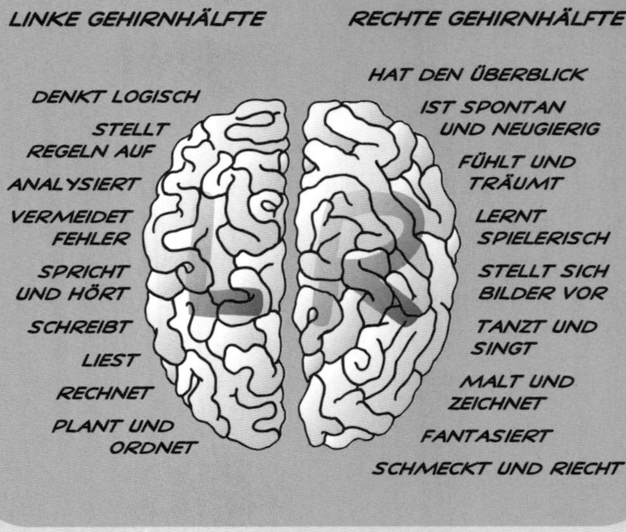

Vor allem in den schulischen Hauptfächern wird vorwiegend mit der linken Gehirnhälfte gelernt. Wenn du aber beide Hälften in Anspruch nimmst, dann lernst du mit voller Kraft und somit wesentlich schneller und intensiver.

Tipp:

Wenn du deine Vokabeln in dein Vokabelheft schreibst, sie liest, laut sprichst und vielleicht auch noch von Kassette hörst, dann lernst du zwar schon auf vielen Wegen, aber doch noch nicht mit voller Kraft.
Überleg dir zusätzlich Beispielsätze mit den zu lernenden Wörtern, mach dir zu jeder Vokabel ein Bild (beim Wort „table" kannst du dir z. B. einen ganz bestimmten Tisch vorstellen), zeichne einen Tisch und schreibe darauf „table", mache eine passende Bewegung (bei „table" kannst du z. B. auf einen Tisch klopfen), denk dir eine Melodie zu deinem Satz aus etc. So lernst du ganzhirnig. Deshalb ist es übrigens auch einfach, Songtexte zu behalten, denn sie sind immer auch mit einem Rhythmus und einer Melodie (rechte Gehirnhälfte) verbunden.

Lernstoff, der über möglichst viele Wege in dein Gehirn gelangt, kannst du auch besser und länger behalten. Dies hängt mit der Funktionsweise deines Gedächtnisses zusammen.

Der Speicher: dein Gedächtnis

Bevor eine Information im Langzeitgedächtnis (LZG) gespeichert wird, muss sie zunächst zwei Hürden überwinden: das Ultrakurzzeitgedächtnis (UKZG) und das Kurzzeitgedächtnis (KZG).

Das UKZG kann nicht mehr als sechs bis acht voneinander unabhängige Informationen aufnehmen. Etwa 20 Sekunden bewegen sich die einzelnen Informationen in Form von schwachen elektrischen Strömen in deinem Gehirn. Danach entscheidet sich, ob du eine Information wieder vergisst, sie also aus deinem UKZG herausfällt, oder ob sie in das KZG gelangt. Dort bleiben die Informationen etwa 20 Minuten. In dieser Zeit werden sie stofflich umgewandelt. Danach befinden sie sich im LZG, wo sie für immer gespeichert werden. Jeder langzeitgespeicherte Gedächtnisinhalt hinterlässt also sichtbare Spuren in deinem Gehirn, was z. B. die Redewendung „Das präge ich mir ein" anschaulich ausdrückt.

Obwohl die Information nun für immer gespeichert ist, kannst du sie dennoch scheinbar vergessen. Sie ist dann so „verstaubt", dass sie nicht mehr sofort abgerufen werden kann. Damit die Wege zum abgespeicherten Wissen gut gefunden werden, ist es also wichtig, den Lernstoff regelmäßig zu wiederholen.

Welcher Lerntyp bist du?

Mit dem folgenden Lerntypentest kannst du herausfinden, mit welchem Lernkanal du am besten lernst. Du testest dabei deine Fähigkeiten des bildlichen Sehens, des Lesens, Hörens und Fühlens. Hierbei handelt es sich übrigens nicht um einen Intelligenztest, sondern nur um einen Test, der über deine persönlichen Vorlieben beim Lernen Auskunft gibt. Zur Durchführung des Tests benötigst du als Testpartner oder -partnerin am besten eine Person, die ebenfalls daran interessiert ist, etwas über ihren Lerntyp zu erfahren.

Die Testvorbereitung

Ihr sucht euch beide jeweils zehn Gegenstände zum Sehen (z. B. einen Schuh, eine Schere, eine CD etc.), am besten versteckt in einem Karton, damit der andere die Gegenstände vorher nicht sieht. Jeder von euch beschreibt außerdem zehn DIN-A4-Blätter groß und deutlich mit jeweils einem Begriff zum Lesen (z. B. Tisch, Auto, Ball etc.). Schreibt zehn weitere Begriffe zum Hören (z. B. Zeitung, Engel, Garten etc.) auf einen Zettel. Nun benötigt ihr noch zehn Gegenstände zum Betasten (z. B. Watte, Geldstück, Nudel etc.), auch in einem Karton versteckt. Wichtig ist dabei, dass diese Gegenstände mit geschlossenen Augen durch Betasten leicht zu erkennen sein müssen. Nun testet ihr euch gegenseitig.

Das bildliche Sehen

Der jeweilige Testleiter hält jeden Gegenstand aus dem Karton jeweils zwei Sekunden lang hoch, bevor er ihn wieder versteckt. Wenn alle zehn Gegenstände gezeigt wurden, stellt der Testleiter seiner Testperson 30 Sekunden lang leichte Rechenaufgaben zum Ablenken. Anschließend soll die Testperson alle Begriffe aufschreiben, die sie noch im Gedächtnis behalten hat. Zum Schluss werden die Ergebnisse kontrolliert.

Das Lesen

Im zweiten Durchgang hält der Testleiter jeweils einen Zettel mit dem aufgeschriebenen Begriff zwei Sekunden lang hoch. Der weitere Ablauf ist wie beim bildlichen Sehen.

Das Hören

Bei diesem Testabschnitt liest der jeweilige Testleiter die zehn Begriffe vor, ansonsten ist der Ablauf der gleiche wie beim bildlichen Sehen und Lesen.

Das Fühlen

Der Testperson werden die Augen verbunden und nacheinander die Gegenstände zum Betasten gereicht. Mit einem Nicken signalisiert sie, wenn sie den jeweiligen Gegenstand ertastet hat.

Wichtig bei den verschiedenen Durchgängen ist, dass sich keine Begriffe bzw. Gegenstände wiederholen. Weiterhin darf die Testperson keinesfalls gesehene, gelesene, gehörte oder gefühlte Gegenstände laut sagen, denn somit würde automatisch ein weiterer Lernkanal angesprochen. Das Testergebnis könnte dadurch verfälscht werden.

Auswertung

Trag die Anzahl der erinnerten Begriffe bzw. Gegenstände nun hier ein:

	Ich	Mein Testpartner
Sehen:		
Lesen:		
Hören:		
Fühlen:		

Eine interessante Statistik zeigt, mit welchen Lernkanälen Menschen im Durchschnitt welche Menge an Informationen behalten können. Hier wird schon deutlich, dass es immer effektiver ist, beim Lernen mehrere Kanäle gleichzeitig einzusetzen.

Wir behalten:

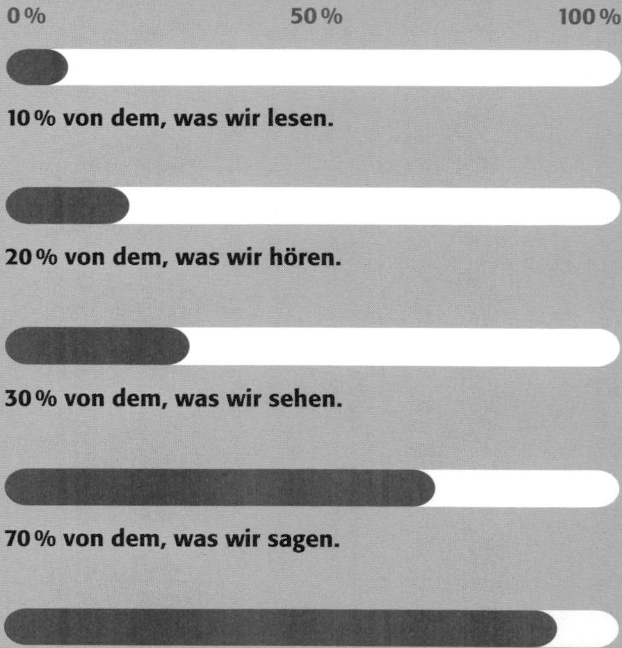

Strategien für die Lerntypen

Mit dem Lerntypentest hast du erfahren, welcher deiner Lernkanäle am besten funktioniert. Im Folgenden findest du einige Tipps, wie du deine Lernkanäle nutzen und trainieren kannst. Diese Strategien können dir helfen, einerseits deine stärksten Lernkanäle gezielt einzusetzen und andererseits die Fähigkeiten der schwächeren Lernkanäle zu verbessern.

Strategien für starke Seher

- Fertige Skizzen, Bilder, Flussdiagramme etc. an.
- Unterstreiche wichtige Wörter bzw. Inhalte und arbeite mit Farben.
- Nutze die Mind-Map-Technik (siehe S. 26 bis 29).
- Lass dir komplizierten Lernstoff aufzeichnen.
- Such dir Filme, Dias und Bilder zu deinem Lernstoff.
- Verschaff dir immer wieder einen Gesamtüberblick über deinen Lernstoff.
- Stell dir den Lernstoff vor deinem inneren Auge vor.

Strategien für starke Hörer

- Nimm den Lernstoff, wie z. B. Vokabeln, Gedichte, Texte, auf Kassette auf und höre ihn immer wieder.
- Lies laut und sprich während des Lernens mit.

- Lerne mit Freunden. Erzählt euch den Lernstoff gegenseitig. Fragt euch gegenseitig ab.
- Versuche einmal, mit ruhiger Musik zu lernen.
- Besorge dir Hörkassetten zum Lernstoff.

Strategien für starke Leser

- Notiere dir Merksätze, z. B. auf Karteikarten.
- Versuch komplizierte Texte zu vereinfachen und zu verkürzen.
- Fass das Wichtigste schriftlich zusammen.
- Markiere das Wesentliche im Text mit Unterstreichungen bzw. in Farbe. Hebe Überschriften hervor.
- Verfasse Merktexte bzw. Zusammenfassungen auf dem Computer mit leicht lesbarer Schrift.

Strategien für starke Fühler

- Nimm Dinge selbst in die Hand, z. B. bei Experimenten, Versuchen etc.
- Setz beim Auswendiglernen deine Körpersprache (Gestik, Mimik, Stimme) ein.
- Besorge dir Lernspiele oder stelle sie selbst her.
- Mach es dir beim Lernen gemütlich.
- Berichte anderen von deinem Lernstoff, spiele vor, zeige.

Besonders effektiv lernst du, wenn du möglichst viele Lernkanäle einsetzt. Experimentier einfach einmal mit mehreren Lerntechniken herum, bis du deine persönlichen Erfolgsstrategien, die dir außerdem Spaß machen, gefunden hast.

Über diese Techniken hinaus gibt es weitere sinnvolle Übungen, mit denen du gezielt deine Gedächtnisleistungen nutzen und verbessern kannst. Ein umfangreiches Repertoire solcher Techniken stellen wir dir in unserem Buch „Power-Gedächtnis – fit in 30 Minuten" vor.

Zusammenfassung

- **Sinn-voll lernen heißt, möglichst viele Sinne beim Lernen einzusetzen. Somit schaffst du viele „Zufahrtswege" in dein Gedächtnis, was dazu führt, dass du den Lernstoff leichter aufnimmst und schließlich auch besser behältst.**
- **Mit Hilfe eines Lerntypentests kannst du herausfinden, über welchen deiner Lernkanäle (bildliches Sehen, Lesen, Hören oder Fühlen) dein Gehirn am besten Informationen verarbeiten kann. Diese Fähigkeiten solltest du in Zukunft verstärkt nutzen.**

- **Im nächsten Kapitel präsentieren wir dir eine Reihe besonders wirkungsvoller Lernstrategien, die Spaß machen und Erfolg bringen.**

2. Lernstrategien für schlaue Köpfe

Wie kannst du die verschiedenen Lernkanäle ansprechen und nutzen?

Warum ist es wichtig, das Gelernte mehrmals zu wiederholen?

Wie kannst du effektiver lesen?

Dass Lernen oft mühevoll und frustrierend ist, Lernstoff einfach nicht ins Gedächtnis will oder allzu schnell wieder „entsorgt“ wird, liegt sehr häufig an fehlenden bzw. falschen Lernstrategien. Damit dein persönlicher Lerncomputer – dein Gehirn und dein Gedächtnis – erfolgreicher arbeiten kann, erhältst du nun die passende „Software“.

Diese „Lernprogramme“ sind die jeweiligen Techniken, die du einsetzt, um den Lernstoff sicher zu verarbeiten und zu behalten. Deshalb stellen wir dir in diesem Kapitel Lernstrategien vor, mit denen du deine Lernfähigkeiten optimal nutzen und weiter ausbauen kannst.

Da es nicht nur eine Lernerfolgsstrategie gibt, sondern jeder Mensch seine passende „Software“ finden muss, ist es nun deine Aufgabe, aus unseren Angeboten die für dich passenden Strategien herauszusuchen.

Tipp:

Wenn du erfahren möchtest, wie du den Prozessor in deinem Lerncomputer zusätzlich beschleunigen kannst, dann empfehlen wir dir unser Buch „Power-Gedächtnis – fit in 30 Minuten“.

Einen Überblick verschaffen

Die Grundvoraussetzung für erfolgreiches Lernen ist das Lesen. Das hört sich vielleicht erst einmal banal an, ist es aber nicht! Jeder Sachtext – ob aus Zeitung, dem Internet oder einem Schulbuch – beinhaltet viele Informationen. Um aus diesen vielen Informationen die für dich wichtigen herauszufiltern, musst du beim Lesen zunächst einmal das Wichtige von dem Unwichtigen trennen können. Dazu solltest du den Text genau lesen und systematisch markieren. Anschließend ist es sinnvoll, dass du die hervorgehobenen Informationen in kurzen Sätzen zusammenfasst und z. B. auf Karteikarten notierst. Auf diese Weise kannst du dir zu jedem Unterrichtsfach und Thema deine persönliche Lern- und Informationskartei anlegen. Und so geht's:

1. Schritt: Verschaff dir beim Lesen einen Überblick

Lies den Text genau und konzentriert durch, damit du alle Informationen erfasst. Jedes neue Lesen kostet Zeit und du verlierst schnell das Interesse an dem Textinhalt.

Achte auf Textüberschriften und Untertitel. Sie beziehen sich in der Regel auf den Kerngehalt und damit auf das zentrale Thema des Textes.

Wichtig sind die Einleitung und die ersten Sätze. Sie geben meist einen Überblick über den Gesamtinhalt, und manchmal erfährst du hier auch etwas über die weitere Gliederung.

Auf zentrale Inhalte deuten auch Zwischenüberschriften hin. Zudem informieren die ersten Sätze der einzelnen Textabschnitte häufig zusammenfassend über das Folgende. Auch das Textende bzw. die letzten Sätze des Textes können wichtige Informationen liefern. Oft ist hier das Wesentliche noch einmal zusammengefasst. Handelt es sich um einen argumentativen Text, dann findest du am Schluss häufig die Meinung oder das Fazit des Autors. Fett oder kursiv gedruckte und farblich hervorgehobene Wörter deuten ebenfalls auf wichtige Inhalte hin.

Besonders effektiv liest du einen Text, wenn du nach ganz bestimmten Informationen suchst, z. B. nach Begriffen, Zahlen etc. Du kannst dir auch vor dem Lesen einige Fragen notieren, auf die du im Text gezielt eine Antwort suchst.

2. Schritt: Markiere wichtige Schlüsselwörter

Zum Markieren legst du dir ein Lineal, einen Bleistift, einen z. B. gelben Textmarker und einen dünnen z. B. roten Stift zurecht. Lies den Text ein zweites Mal und unterstreiche dabei zunächst mit Bleistift die wichtigen Textstellen. Was du zu viel unterstrichen hast, kannst du später wegradieren. Schau dir die unterstrichenen Textteile noch einmal genau an und überlege, welche Schlüsselwörter du mit dem Marker kennzeichnen willst.

Schlüsselwörter funktionieren – wie das Wort schon sagt – wie Schlüssel zu deinem Gedächtnis. Wenn du dir zu einem späteren Zeitpunkt nur die markierten Stellen im Text oder einzelne Schlüsselwörter anschaust, werden sie dich an weitere Informationen erinnern, die du zusammen mit ihnen gespeichert hast.
Wichtige Nebeninformationen solltest du zusätzlich mit einem dünnen roten Stift unterstreichen. Achte aber darauf, dass du nicht zu viel unterstreichst und so die Übersicht verlierst.

3. Schritt: Gliedere den Text in Sinnabschnitte

Über das Markieren der Schlüsselwörter hinaus kannst du dir weitere wichtige Informationen erschließen, indem du den Text zunächst inhaltlich gliederst.
Überlege dabei, in welche inhaltlich zusammengehörigen Sinnabschnitte du den Text unterteilen kannst.
Fasse nun die wesentlichen Informationen der einzelnen Sinnabschnitte in je einem Satz oder einer Überschrift zusammen. So erhältst du außerdem eine gute Übersicht über den inhaltlichen Aufbau des Textes.
Wenn du zusätzlich einen Überblick über die logische Gliederung des Textes, also über den Gedankengang und die Argumentationslinie des Autors, bekommen möchtest (dies ist z. B. bei politischen Stellungnahmen, Kommentaren etc. sinnvoll), dann gliedere den Text nach so genannten „metasprachlichen" Einheiten, wie z. B. These, Fragestellung,

Argument, Beispiel, Ursache, Folge. Viele Texte mit einer undeutlichen Struktur kannst du du dir auf diese Weise verständlich erschließen.

4. Schritt: Sichere die wichtigen Informationen

Nun geht es es darum, dass du die aus dem Text herausgefilterten Informationen so sicherst, dass du sie einerseits gut lernen und das du andererseits auch später noch etwas mit ihnen anfangen kannst. Dazu gibt es verschiedene Möglichkeiten.

1. Infos auf Karteikarten sichern: Nimm dir die markierten Schlüsselwörter oder die Absatzüberschriften vor und schreibe sie jeweils auf die Vorderseite einer Karteikarte. Auf der Rückseite erläuterst du sie knapp.

2. Ein Flussdiagramm entwerfen: Die Gliederung eines Textes oder den Gedankengang kannst du mit Hilfe der Schlüsselwörter oder Absatzüberschriften in einem Flussdiagramm darstellen. Auch hier solltest du die einzelnen Textinhalte knapp erläutern. Sinnvoll ist es, Haupt- und Nebeninformationen farblich zu unterscheiden.

3. Eine Mind Map gestalten: Zusammenhänge zwischen einzelnen Informationen kannst du gut in einer Mind Map darstellen. Siehe dazu die folgenden Seiten.

Diese Methoden sind besonders gut für „starke Seher“ und „starke Leser“ geeignet.

Mind Maps gestalten

Mind Mapping ist eine hervorragende Visualisierungstechnik, mit deren Hilfe du dir sowohl einen Überblick über ein Thema als auch Einzelheiten zu einer Fragestellung erarbeiten kannst. Mit einer Mind Map kannst du außerdem z. B.

- Ideen sammeln und strukturieren,
- einen Aufsatz oder ein Referat planen und gliedern,
- einen „Spickzettel" entwerfen (siehe Seite 28) oder
- ein Protokoll anfertigen.

Folgende Regeln solltest du beim Erstellen beachten:

Verwende Blanko-Papier!

Papier mit Linien und Kästchen könnte den freien Fluss deiner Gedanken einschränken. Blanko-Papier hingegen fördert den Prozess der Ideenfindung. Beschreibe das Papier im Querformat. Eine Mind Map entwickelt sich in der Regel eher in die Breite als nach oben und unten.

Schreib das Thema in die Mitte!

Schreib das Thema, mit dem du dich beschäftigen möchtest, in die Mitte des Papiers und zeichne außen herum einen Kreis, eine Wolke oder eine Ellipse. Auf diese Weise konzentrierst du dich auf das Hauptthema. Außerdem haben deine Gedanken so ausreichend Platz, sich in alle Richtungen auszubreiten. Besser noch ist es, wenn du das Thema als freies Bild in die Mitte malst, denn das regt deine Fantasie an.

Zeichne für jeden Hauptgedanken einen Hauptast!

Nun überlegst du, welche wichtigen Dinge dir zu deinem Thema einfallen. Von der Mitte ausgehend zeichnest du für jeden gefundenen Hauptpunkt einen Ast. Diese Äste entsprechen etwa den Kapitelüberschriften zu deinem Thema.

Füge weitere Einzelheiten als Nebenäste und Zweige hinzu!

Die deine Hauptgedanken fortführenden Gedanken zeichnest du als Nebenäste an den jeweiligen Hauptast. Diese kannst du durch das Anfügen von Zweigen weiter unterteilen.

Beschrifte deine Mind Maps mit Schlüsselwörtern!

Beschrifte die Hauptäste mit Großbuchstaben und die Nebenäste und Zweige mit Kleinbuchstaben, damit die Gliederung deutlich wird. Verwende Druckbuchstaben, da diese leichter zu entziffern sind. Achte darauf, dass du zur Bezeichnung der Hauptäste, Nebenäste und Zweige Schlüsselwörter verwendest und nicht ganze Sätze.

Verwende Farben und Symbole!

Anschaulicher und besser zu behalten sind Mind Maps dann, wenn du sie farblich gestaltest. Auch Bilder und Symbole unterstützen die Anschaulichkeit.

Mind Mapping ist eine äußerst kreative Methode, um Ideen zu sammeln und zu sortieren. Eine Mind Map ist nie fertig. Du kannst sie jederzeit in alle Richtungen ergänzen. Aus diesem Grunde ist sie vorteilhafter als die herkömmlichen „Strichaufzählungen“.

Mit der Mind Map behältst du beim Lernen immer den Überblick. Diese Methode verbindet zudem die Fähigkeiten deiner linken und rechten Gehirnhälfte (siehe S. 10), so dass du in Zukunft Lernstoff leichter erarbeiten und auch schneller und effektiver in deinem Gedächtnis speichern wirst. Auf der nächsten Seite findest du eine Mind Map als Beispiel.

Tipp:

Die Spickzettel-Technik

Mind Mapping eignet sich hervorragend zur Vorbereitung einer Klassenarbeit. Fertige einen „Spickzettel“ als Mind Map an, auf dem alle wichtigen Informationen stichwortartig vorhanden sind. Weil du dir dabei bereits ein klares Bild von deinem Prüfungsthema machst, legst du den Grundstein für eine erfolgreiche Klassenarbeit. Während der Arbeit benötigst du den Spickzettel nicht mehr (ist ja auch verboten!), denn alles ist in deinem Gedächtnis sicher gespeichert.

Gliederung eines Referates über das Thema „Internet" als Beispiel-Mind-Map

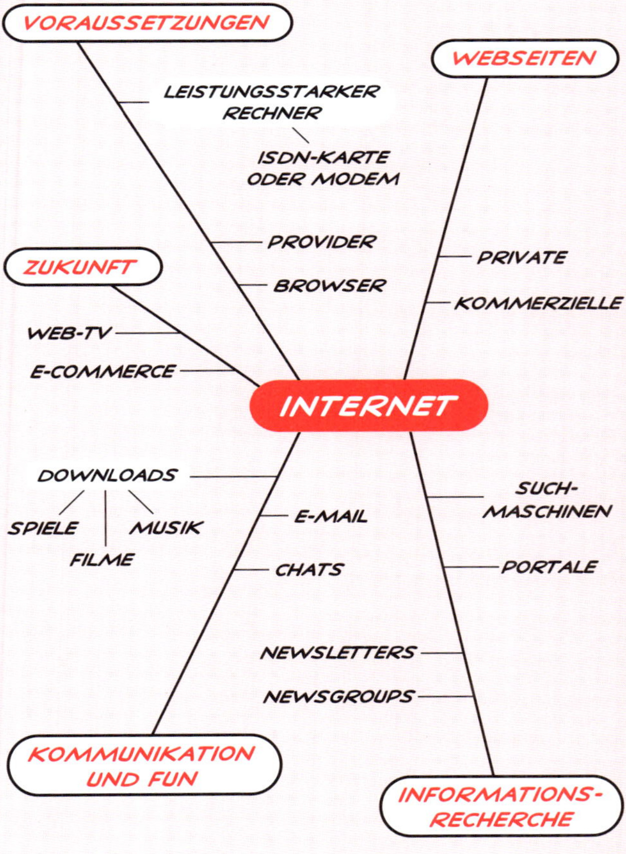

Lernen mit der Lernkartei

Faktenwissen muss sein. Gerade das fällt aber vielen Schülerinnen und Schülern schwer, denn Vokabeln, Formeln, Zahlen etc. wollen oft nicht in den Kopf hinein. Um sich Fakten einzuprägen und den Lernstoff jederzeit und schnell aus dem Langzeitgedächtnis wieder abzurufen, ist das richtige Wiederholen der Informationen wichtig. Dazu bietet sich das Arbeiten mit Karteikastensystemen an.

Erstellen einer Lernkartei

Wenn du eine Lernkartei anlegst, solltest du Folgendes berücksichtigen:

- Verwende Karteikarten mindestens in DIN-A7-Größe.
- Vor allem bei der Vokabel- und Formelkartei sind Blanko-Karten angebracht.
- Verwende eine ausreichende Zahl von Trennscheiben, um den Karteikasten in verschiedene Fächer unterteilen zu können. Bei der Vokabelkartei unterteilst du nach Lerntagen, -wochen und -monaten, und bei anderen Lernkarteien unterteilst du nach Themengebieten.
- Bei der Beschriftung solltest du verschiedene Farben verwenden. So kannst du z. B. grammatische Regeln oder mathematische Formeln besser von Beispielsätzen und Beispielaufgaben unterscheiden oder Unterpunkte von Hauptpunkten besser absetzen.

- Überleg dir eine sinnvolle Beschriftung. Bei der Vokabelkartei kannst du auf der Vorderseite der Karte z. B. das Wort in der Fremdsprache aufschreiben und die Rückseite entweder mit der deutschen Übersetzung oder einem Bild, einer erklärenden Zeichnung, einem Beispielsatz etc. versehen.

Die Lernkartei hat viele Vorteile

Mit der Lernkartei kannst du dir einen perfekten Überblick über deinen Wortschatz, wissenswerte Daten, Formeln, grammatische Regeln etc. verschaffen.

Schon beim Beschriften der Karteikarten können verschiedene Lernkanäle gleichzeitig angesprochen werden: Neben dem Schreiben und Lesen kannst du den jeweiligen Lerninhalt auch laut sprechen (Sprechen und Hören) und per Bild und Zeichnung visualisieren (Sehen).

Informationen, die du mit Karteikarten gelernt hast, behältst du besser, weil du sie unabhängig von Seitenzahl und Buchkapitel weißt.

Das Arbeiten mit einer Lernkartei motiviert, weil du so ständig vor Augen hast, wie viel du schon kannst.

Eine Lernkartei kannst du in mehrfacher Hinsicht verwenden: zum Lernen und Wiederholen, als Nachschlagewerk oder Wörterbuch und zur Vorbereitung auf Klassenarbeiten. Und sicher gibt es noch viele weitere Vorteile, die du bald selbst herausfinden wirst.

Dein persönliches Lernkartei-System

Wir möchten dir einen Vorschlag machen, wie häufig und in welchen Abständen du mit der Lernkartei lernen und die Inhalte wiederholen solltest.

Das folgende Beispiel ist vor allem für das Vokabellernen gut geeignet. Der vorgegebene Lernrhythmus ist nur eine mögliche Variante. Durch Herumexperimentieren solltest du herausfinden, ob dieser Rhythmus für dich geeignet ist oder ob es einen besseren für dich gibt.

Neu gelernte Kärtchen steckst du in das Fach 1. (Denke daran, dass es sinnvoll ist, nicht mehr als sechs bis acht Informationen auf einmal zu lernen. Setze möglichst viele Lernkanäle beim Neulernen ein!)

Am Abend wiederholst du die neu gelernten Inhalte. Inhalte, die du noch weißt, wandern in das Fach 2. Die anderen verbleiben im Fach 1 und müssen am nächsten Tag noch einmal neu gelernt werden.

Nach einem Tag werden die Inhalte des Fachs 2 wiederholt. Nach einer Woche sind die Inhalte von Fach 3 an der Reihe. Nach einem Monat wiederholst du Fach 4.
Somit sind die gelernten und erfolgreich behaltenen Vokabeln, Fakten, Regeln etc. nach einem Monat nun in Fach 5 angelangt. Dieses Fach kannst du dir z. B. nach 6 Monaten noch einmal vornehmen.
Alle Vokabeln, Fakten, Regeln, die du während eines Wiederholschrittes nicht mehr weißt, müssen noch einmal neu gelernt werden – wandern also wieder zurück in das Fach 1.

Zusammenfassung

- **Effektives Lesen und der richtige Umgang mit Texten ist die Grundlage für erfolgreiches Lernen. Gehe dabei systematisch vor (Lesen, Markieren, Gliedern, Zusammenfassen), um wichtige Informationen aus Texten herauszufiltern.**

- **Mit der Mind Map kannst du nicht nur ein Thema strukturieren, Ideen sammeln und ordnen, sondern zusätzlich sehr wirkungsvolle „Spickzettel" erstellen.**
- **Um Informationen zu recherchieren, zu archivieren und um Lernstoff sinnvoll zu wiederholen, eignet sich besonders die Karteikartentechnik.**

3. Konzentriert zur Sache

Wie kannst du deine persönlichen Konzentrationskiller besiegen?

Was versteht man unter „Neurobics“?

Kennst du die Arbeitsplatzstrategie von Walt Disney?

Es gibt zwei Arten von Konzentrationsstörungen: äußere und innere „Konzentrationskiller".

- Äußere Konzentrationskiller sind z. B. Lärm, ein ständig läutendes Telefon, Chaos im Zimmer, Musik, Fernsehen etc. Solche Konzentrationskiller kannst du in der Regel leicht beseitigen.
- Schwieriger ist es hingegen, die meisten inneren Konzentrationskiller in den Griff zu bekommen. Dazu zählen z. B. fehlende Motivation zum Lernen, ablenkende Gedanken, Liebeskummer, Nervosität, Angst, andauernde Müdigkeit etc.

Tipp:

Es ist wichtig, dass du dir bewusst machst, was deine Konzentration stört, um deine persönlichen Konzentrationskiller zu entlarven und schließlich besiegen zu können. Dabei kannst du folgendermaßen vorgehen: Nimm dir zwei Blatt Papier – eines für die äußeren und eines für die inneren Konzentrationskiller. Teile jedes Blatt in zwei Hälften. Auf der jeweils linken Seite notierst du deine Konzentrationskiller, auf der rechten Seite die Maßnahmen, die du ergreifen möchtest, um diese Störfaktoren auszuschalten.

Im Folgenden geben wir dir weitere Tipps und Anregungen, die dein persönliches Erfolgsprogramm zum konzentrierten Lernen zusätzlich unterstützen.

Das Gehirn startklar machen

Um voll konzentriert bei der Sache zu sein, ist es wichtig, dass du dein Gehirn warm laufen lässt und auch in den Lernpausen aktiv wach hältst. Die folgenden Aktivierungsübungen dienen zur Koordination deiner linken und rechten Gehirnhälfte und zur Erhöhung deiner Konzentrationsfähigkeit.

Überkreuzbewegungen

Bring abwechselnd den linken Ellenbogen zum rechten Knie und den rechten Ellenbogen zum linken Knie. Mach dies zwei Minuten. Eine Übungsvariante ist das Überkreuz-Marschieren auf der Stelle, wobei immer gleichzeitig der rechte Arm und das linke Bein bzw. der linke Arm und das rechte Bein gehoben werden. Mach in einer weiteren Übungsvariante mit den Händen zur gleichen Zeit unterschiedliche Bewegungen, z. B. mit der einen Hand eine schlagende und mit der anderen eine kreisende Bewegung. Beziehe die Beine und den Kopf in die Bewegung mit ein und variiere den Ablauf.

Energiegähnen

Diese Übung führt zu entspannterem Sehen. Sehr effektiv ist sie nach besonders intensiver geistiger Arbeit. Gähne eine Minute lang leidenschaftlich mit weit geöffnetem Mund. Recke und strecke dich dabei.

Liegende Acht

Diese Übung stärkt zusätzlich das beidseitige Sehen und somit die Konzentrationsfähigkeit beim Lesen und Schreiben. Beschreibe mit dem Daumen bei ausgestrecktem Arm eine große liegende Acht vor deinen Augen in die Luft. Verfolge dabei deinen Daumen nur mit den Augen und halte deinen Kopf ganz ruhig. Mach diese Übung zwei Minuten.

Denkmütze

Diese Übung eignet sich, um konzentrierter hören zu können. Beginne deine Ohren am oberen Ohrrand langsam nach unten hin zu massieren. Ziehe zum Schluss leicht an deinen Ohrläppchen. Wiederhole diese Bewegung von oben nach unten zehnmal.

„Neurobics“ – Fitness fürs Gehirn

Wecke und trainiere deine Sinne mit folgenden „Neurobic“-Übungen:

- Finde einen bestimmten Gegenstand in deinem Zimmer mit geschlossenen Augen.
- Versuche den richtigen Schlüssel oder unterschiedliche Geldstücke in deiner Hosentasche zu ertasten.
- Erledige Dinge des täglichen Lebens (z. B. Zähne putzen, Waschen, Tasse halten etc.) mit der „verkehrten“ Hand.

Weitere interessante „Neurobic“-Übungen findest du in unserem Buch „Power-Gedächtnis – fit in 30 Minuten“.

Das Arbeitsumfeld gestalten

Schaff dir eine Wohlfühl-Atmosphäre!

Nur in einer angenehmen Arbeitsatmosphäre kannst du konzentriert und mit Spaß lernen. Gestalte dein Zimmer so, dass du dich darin wohl fühlst. Dazu können Bilder, Pflanzen, angenehme Farben und natürlich ein aufgeräumter Schreibtisch beitragen.

Behalte den Überblick!

Konzentriertes Arbeiten in einem unüberschaubaren Chaos ist kaum möglich. Übertriebene Ordnungsliebe ist aber auch nicht notwendig. Achte vielmehr darauf, dass du nicht abgelenkt wirst und dass die notwendigen Arbeitsmaterialien griffbereit liegen.

Schalte vermeidbare Störungen aus!

Die meisten Dinge, die dich am konzentrierten Arbeiten hindern, kannst du mit einiger Überlegung ausschalten. Viele dieser Störungen können bereits durch einen gut gestalteten Arbeitsplatz aus dem Weg geräumt werden. Darüber hinaus solltest du Vereinbarungen treffen, dass dich deine Eltern und Geschwister während des Lernens nicht stören oder durch Lärm belästigen, dass deine Freunde erst nach getaner Arbeit anrufen oder vorbeikommen etc.

Sitz bequem und gesund!

An einem guten Schreibtischstuhl sollte niemals gespart werden. Der Stuhl sollte höhenverstellbar sein und sich deinem Rücken beim Sitzen anpassen. Nur so kannst du auf längere Sicht Rückenschmerzen, Kopfschmerzen und andere Folgeschäden vermeiden und auch konzentriert arbeiten.

Sorge für ausreichend Licht und Sauerstoff!

Wichtig für deine Lernmotivation ist eine ausreichende Lichtversorgung. In einem hellen Raum hast du nicht nur mehr Lust zum Arbeiten, sondern du kannst dich auch wesentlich besser auf deine Arbeit konzentrieren. Achte also darauf, dass dein Schreibtisch in der Nähe des Fensters steht, aber so, dass du im Sommer nicht durch direkte Sonneneinstrahlung und Hitze gestört wirst.
Außerdem ist es für konzentriertes Denken sehr wichtig, dass dein Gehirn mit ausreichend Sauerstoff versorgt wird. Lüfte deshalb dein Zimmer vor dem Lernen und auch zwischendurch immer wieder gut durch.

Trink und iss während des Arbeitens!

Um beim Lernen länger fit zu bleiben, solltest du regelmäßig Vitamine und Mineralstoffe zu dir nehmen. Trink am besten Apfelschorle und stell dir eine Schale mit frischem Obst in greifbare Nähe.

Tipp:

Arbeite wie Walt Disney!

Walt Disney zählt zu den erfolgreichsten Menschen aller Zeiten. Er selbst führte einen großen Teil seines Erfolges auf eine besondere Arbeitsplatzstrategie zurück. Sein Erfolgsgeheimnis war, dass er in drei unterschiedlichen Räumen gearbeitet hat.

Raum 1: der Raum des Träumers

Hier hat er ausschließlich neue Ideen entworfen. Ob die Ideen durchführbar oder umsetzbar waren, spielte in diesem Raum noch keine Rolle. Alles wurde erst einmal festgehalten und notiert.

Raum 2: der Raum des Machers

In diesem Raum hat Walt Disney seine Ideen praktisch weiterentwickelt und Strategien zu deren Umsetzung entworfen.

Raum 3: der Raum des Kritikers

In diesem Raum hat Walt Disney seine Strategien und Pläne kritisch hinterfragt und mögliche Ergebnisse auf Machbarkeit kontrolliert.

Die Arbeitsplatzstrategie bringt viele Vorteile für konzentriertes Lernen und Arbeiten. Probiere sie einfach einmal aus.

Walt Disneys Strategie in deinem Zimmer

Es müssen übrigens nicht drei unterschiedliche Räume sein, in denen du arbeitest. Wenn du dein Zimmer in drei Bereiche unterteilst, hat dies denselben Erfolg. Ein Sofa könnte z. B. dein „Raum des Träumers“ sein. Hier überlegst du, wie du an eine Aufgabe (z. B. einen Aufsatz, eine Rechnung, ein Bild etc.) herangehst. Notiere dabei auch deine Ideen. Der Schreibtisch ist der „Raum des Machers“. Hier setzt du die Ideen in die Tat um, schreibst, rechnest, malst etc. Dein „Raum des Kritikers“ könnte ein Tisch mit Stuhl sein, an dem du dein Ergebnis noch einmal überprüfst. Entscheidend bei der Walt-Disney-Strategie ist, dass du die konsequente Trennung deiner drei Aufgabenbereiche einhältst.

Versetz dich bewusst jeweils in die Rolle eines Träumers, Machers oder Kritikers und versuche dies mit entsprechender Haltung, Gestik und Mimik umzusetzen. Auch die Einrichtung deiner Räume bzw. Bereiche sollte den Aufgabenbereichen entsprechen. Im „Raum des Träumers“ befinden sich daher nur Dinge, die deine Fantasie und Kreativität anregen, z. B. schöne Bilder, Pflanzen, eine Musikanlage. Achte auch darauf, dass im „Raum des Machers“ keine Gegenstände sind, die dich vom Arbeiten ablenken. Viele Schülerinnen und Schüler haben auf ihrem Schreibtisch z. B. einen Computer stehen, den sie nur manchmal fürs Lernen und in erster Linie für Computerspiele nutzen. Das könnte ablenken!

Hausaufgaben locker schaffen

Wenn du die folgenden einfachen Tipps umsetzt, wirst du deine Hausaufgaben in Zukunft konzentrierter und damit schneller und effektiver bewältigen.

Lerne zur richtigen Zeit!

Deine optimale Lernzeit hängt von deiner individuellen Tagesleistungskurve ab. Die folgende Tagesleistungskurve ist eine Durchschnittskurve, deine persönliche Tagesleistung kann also von dieser Kurve abweichen.

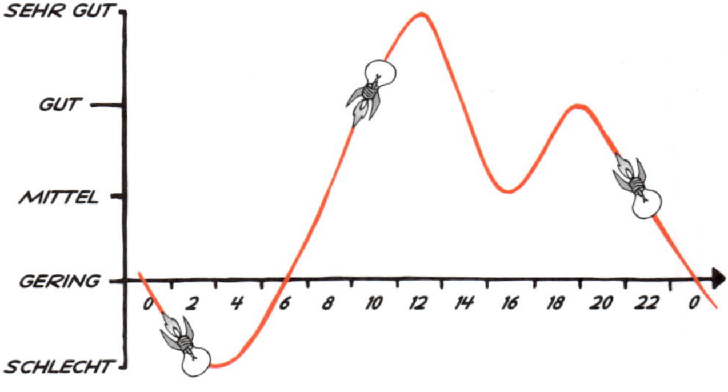

Lerne nie zu einer Zeit, in der deine Tagesleistung auf dem Tiefpunkt ist, z. B. direkt nach dem Mittagessen, wenn dein Körper seine Energie zum Verdauen benötigt. Finde heraus, wann deine optimale Lernzeit ist.

Plane den Ablauf!

Fertige zuerst einen genauen Ablauf deiner Hausaufgaben an, bevor du beginnst – am besten schriftlich. Berücksichtige dabei die folgenden Tipps.

Beginne mit einer leichten Aufgabe!

So wie sich ein Sportler vor dem Wettkampf aufwärmen muss, so ist es auch notwendig, dass du dich vor dem konzentrierten Lernen mit etwas Leichtem aufwärmst. Außerdem steigt deine Motivation, wenn du zu Anfang schnell mit einer Aufgabe fertig wirst.

Vermeide Ähnlichkeitshemmungen!

Lerne nie ähnliche Dinge nacheinander, z. B. Englisch- und Französischvokabeln oder Mathematik und Physik. Das könnte in deinem Gehirn zu Chaos führen, so dass du das Gelernte schnell wieder vergisst. Am besten wechselst du zwischen den Fächern und, wenn möglich, auch zwischen mündlichen und schriftlichen Aufgaben.

Plane Pausen ein!

Pausen sind sehr wichtig, damit du deine Konzentration über einen längeren Zeitraum aufrechterhalten kannst. Lege regelmäßig eine Pause ein, damit du anschließend wieder konzentriert arbeiten kannst. Die folgende Kurve zeigt dir den durchschnittlichen Verlauf der Konzentrationsfähigkeit eines Menschen während einer Stunde.

Konzentrationsfähigkeit während einer Stunde

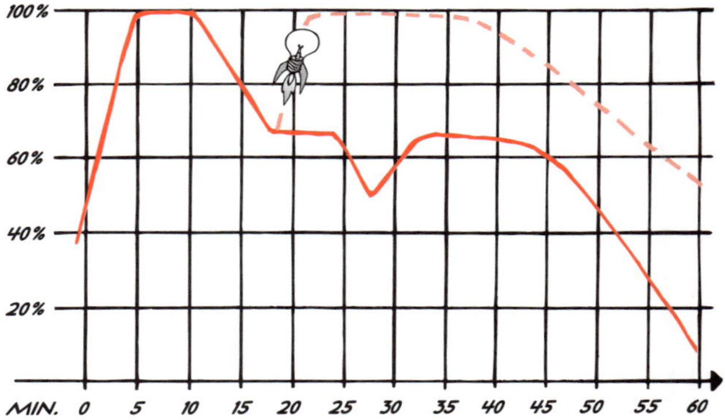

Solange du das Gefühl hast, konzentriert an einem Thema arbeiten zu können, solltest du deinen Arbeitseifer nicht durch eine Pause bremsen. Wenn eine Aufgabe Spaß macht, kannst du dich nämlich länger darauf konzentrieren. Sobald du aber merkst, dass deine Konzentration nachlässt, solltest du dir auch eine Pause gönnen. Spätestens nach 30 Minuten ist eine erste etwa fünfminütige Lernpause angebracht. Da die Konzentrationsfähigkeit mit der Dauer des Lernens abnimmt, solltest du die weitere Arbeitszeit jeweils verringern und häufiger Pausen einlegen. Eine zweite Pause bereits nach 20 Minuten ist demnach sinnvoll. Nach ca. 1 1/2 bis 2 Stunden ist es wichtig, dass du eine längere Pause von ungefähr 15 bis 20 Minuten einlegst. Wie solche Pausen aussehen können, erfährst du auf den nächsten Seiten.

Pausen machen und relaxen

Lernpausen legst du ein, um Energie fürs Lernen zu tanken. Nach einer richtig gestalteten Pause kannst du konzentriert weiterarbeiten. Nutze deine Lernpausen, um z. B.

- kurz frische Luft zu schnappen,
- eine Kleinigkeit zu essen, am besten leichte Nahrung, wie z. B. Obst, Jogurt oder einen Müsliriegel,
- bei einem Musikstück zu entspannen,
- kleine Bewegungsübungen (wie auf den Seiten 36 und 37 beschrieben) oder Entspannungsübungen zu machen.

So bist du nach der Pause wieder lern-fit und konzentriert. Die folgenden drei Entspannungsübungen sind ausgezeichnet für deine Pausengestaltung geeignet, da sie das konzentrierte Lernen und Arbeiten unterstützen. Wenn du sie durchführst, solltest du darauf achten, dass du nicht gestört wirst. Du kannst diese Übung im Liegen, aber auch im Sitzen ausführen. Wenn du die Übungen im Liegen durchführst, solltest du auf dem Rücken liegen. Die Arme werden dabei locker neben den Körper gelegt und die Beine liegen entspannt nebeneinander.
Wenn du die Übungen im Sitzen ausführst, solltest du mit deinem Po bis an die Rückenlehne rutschen. Die Füße stehen dabei auf dem Boden und die Hände liegen auf den Oberschenkeln. Halte den Kopf entweder aufrecht oder

lass ihn nach unten fallen. Am besten, du schließt während der Entspannung deine Augen.

Atemübung

Bei dieser Übung konzentrierst du dich ausschließlich auf deine Atmung. Mach es dir dazu bequem. Atme durch die Nase langsam und tief ein. Zähle dabei in Gedanken langsam bis 5. Achte darauf, dass du in den Bauch atmest, d. h. dass deine Atemluft zuerst den Bauch und dann deine Lunge füllt. Bei 5 hältst du die Luft an und zählst weiter 6 – 7 – 8. Dann atmest du durch den Mund langsam wieder aus. Wiederhole die Übung. Schon nach fünf bis zehn tiefen Atemzügen merkst du, dass sich dein gesamter Körper entspannt und dein Kopf wieder frei wird.

Muskelentspannung

Mach es dir wieder bequem. Balle nun eine Hand zu einer Faust und halte die Spannung sieben bis zehn Sekunden. Löse anschließend schnell die Spannung und genieße das Gefühl der Entspannung in deiner Hand und in deinem Unterarm. Wiederhole dasselbe mit der anderen Hand, dann mit deiner Schulter- und Nackenmuskulatur, dann mit deiner Brustmuskulatur und schließlich mit deinen Beinen und deinen Füßen. Du wirst merken, dass du dich nach dieser Übung wesentlich lockerer und gelöster fühlst und mit voller Konzentration weiterarbeiten kannst.

Fantasiereisen unternehmen

In einer Fantasiereise begibst du dich gedanklich an einen Ort, der dir ein angenehmes und wohltuendes Gefühl vermittelt. Du kannst dir eine solche Reise vor deinem inneren Auge vorstellen oder aber dich von gesprochenen Texten (gibt es fertig zu kaufen) leiten lassen. Am besten funktioniert eine Fantasiereise mit ruhiger Musikuntermalung. Möchtest du weitere Mentaltechniken kennen lernen, dann empfehlen wir dir unser Buch „Fitness – fit in 30 Minuten“.

Zusammenfassung

- **Vor jedem konzentrierten Lernen und Arbeiten solltest du dein Gehirn mit entsprechenden Übungen aktivieren und somit auf Hochtouren bringen.**
- **Gestalte deinen Arbeitsplatz so, dass du dich wohl fühlst und dich ganz und gar auf das Lernen konzentrieren kannst. Probiere dazu einmal die Erfolgsstrategie von Walt Disney aus.**
- **Um deine täglichen Haus- und Lernaufgaben konzentriert zu erledigen, wird dir eine vorherige Planung deines Lernpensums eine große Hilfe sein.**
- **Wenn du während deiner Lern- und Arbeitszeit bewusste Pausen einlegst, dabei Bewegungs- und Entspannungsübungen machst, wirst du in der Lage sein, sehr lange konzentriert bei der Sache zu sein.**

4. Den Lernerfolg planen

Wovon hängt es ab, ob du motiviert lernst und arbeitest oder nicht?

Wie kannst du dir realistische Ziele setzen?

Wozu ist ein Vertrag mit sich selbst gut?

Nur wer weiß, wo der Weg hingehen soll, hat auch Spaß beim Lernen. Wenn du keinen Grund zum Lernen hast (abgesehen vielleicht von den Mahnungen deiner Eltern und Lehrer), dann wird es dir sehr schwer fallen, dich zu Hause hinzusetzen, um Hausaufgaben zu erledigen oder Klassenarbeiten vorzubereiten. Deshalb solltest du dir über deine schulischen Ziele Gedanken machen. Stelle dir dazu folgende Fragen:

Was möchte ich langfristig schulisch erreichen?

- Für welche Fächer interessiere ich mich besonders?
- Wo möchte ich spitze werden?
- Wo liegen meine Stärken und wie kann ich sie sinnvoll nutzen?
- Welchen Schulabschluss möchte ich erreichen?
- Welche Berufsausbildung bzw. welches Studium könnte mich interessieren?

Was möchte ich mittel- bzw. kurzfristig erreichen?

- Auf welche Fächer möchte ich mich in diesem Schuljahr konzentrieren?
- Welche konkreten Verbesserungen strebe ich an?
- Welche Noten will ich im kommenden Zeugnis erreichen?
- Welche Leistungen wünsche ich mir in den kommenden Klassenarbeiten?
- Wie möchte ich meine mündliche Beteiligung verbessern?

Ziele sind wichtig!

Ziele sind die Grundlage deines Lernerfolgs. Nur wenn du genaue Zielvorstellungen hast, also festlegst, was du in welcher Zeit erreichen möchtest, kannst du auch motiviert lernen und arbeiten. Folgendes solltest du beachten:

Setz dir realistische Ziele!

Denke bei deinen Zielsetzungen immer daran, dass du dir nicht zu viele und dass du dir vor allen Dingen realistische Ziele setzt. Der Frust ist meist groß, wenn du merkst, dass dein Ziel viel zu hoch gesteckt und somit unerreichbar ist. Geh lieber in kleinen Schritten vor und steigere dich langsam. Überlege bei der Zielfindung, welche Fähigkeiten du bereits besitzt und welchen Herausforderungen du dich stellen kannst.

Formuliere klare und konkrete Ziele!

Ein Ziel ist nur dann wirksam formuliert, wenn es klar definiert und somit auch kontrollierbar ist. Dein Unterbewusstsein benötigt genaue Anweisungen, um zu wissen, in welche Richtung es dich steuern kann. Der Satz „Ich werde mich in Mathematik verbessern" ist also wenig wirksam, weil damit kein eindeutiges Ziel festgelegt ist. Besser wäre z. B. die Formulierung „Ich habe im Schuljahreszeugnis in Mathe eine 2!".

Formuliere dein Ziel, als hättest du es bereits erreicht!

Auf diese Weise bist du in deiner Vorstellung bereits am Ziel angelangt. Dein Unterbewusstsein wird nun alles unternehmen, um dir bei der Zielverwirklichung behilflich zu sein. Eine entsprechende Formulierung wäre z. B. „Ich habe im Schuljahreszeugnis einen Schnitt von mindestens 2,4!" – im Gegensatz zu der weniger bestimmten Formulierung „Ich werde im nächsten Zeugnis eine 2,4 haben".

Formuliere deine Ziele positiv!

Verwende keine negativen Worte, wie z. B. „kein", „nicht", „schlecht" etc. Die Formulierung „Ich schreibe keine 5 mehr in Biologie" wäre z. B. unklug, da sich so dein Unterbewusstsein auf die Note 5 einstellt. Eine bessere Formulierung ist z. B. „Ich habe in der nächsten Bioarbeit mindestens eine 4 geschrieben!". So steuerst du dein Unterbewusstsein positiv in Richtung Erfolg.

Formuliere den Zeitpunkt der Zielerreichung!

Es ist wichtig, dass du den genauen Zeitpunkt festlegst, an dem du dein Ziel erreicht haben willst. So kannst du nicht nur genauer planen, sondern bist auch nicht versucht, deine Ziele zu verschieben. Die Planungstechnik auf den nächsten Seiten wird dir eine entscheidende Hilfe dabei sein, deinen Zielen Schritt für Schritt näher zu kommen.

Der persönliche Zielplan

Auf den nächsten beiden Seiten findest du eine sehr effektive Technik, um deinen Lernerfolg zu planen. Das Beispiel kannst du auf deine persönliche Lernsituation und deine eigenen Lernziele übertragen.

Schritt 1: Mein Problem
Im ersten Schritt beschreibst du das Problem, das dich momentan beschäftigt.

Schritt 2: Mein Zielfoto
Im zweiten Schritt formulierst du dein „Zielfoto“. Dieses „Foto“ ist eine Momentaufnahme des Zeitpunktes, in dem du dein Ziel erreicht hast. Beschreibe diesen Zustand genau, indem du darüber nachdenkst, was sich durch deine Zielerreichung alles positiv verändert hat.

Schritt 3: Mein konkretes Ziel
Im dritten Schritt betrachtest du dein Zielfoto und leitest daraus dein konkretes Ziel ab. Achte dabei auch auf die Formulierungsregeln (S. 50 und 51).

Schritt 4: Meine Maßnahmen
Im vierten Schritt listest du alle Maßnahmen auf, die du ergreifen wirst, um dein Ziel zu erreichen.

1. Mein Problem

In den letzten zwei Jahren bin ich kontinuierlich in der Schule „abgerutscht". Mein letzter Notendurchschnitt war 3,1. Gerade in Deutsch und Mathematik – Fächer, in denen ich früher gute Noten hatte – stehe ich jetzt mit 4- auf der Kippe. In Biologie habe ich sogar eine 5. Mein Arbeitseinsatz lässt zu wünschen übrig und auch mein chaotischer Arbeitsplatz spiegelt meine momentane Situation wider. Ich vertrödle viel Zeit, ohne dass etwas Nennenswertes passiert. Die schlechten Leistungen drücken auf meine Laune und ich werde das Gefühl nicht los, dass es ohne eine Änderung meines Lernverhaltens weiter „den Bach heruntergehen" wird.

2. Mein „Zielfoto"

Am Schuljahresende habe ich es geschafft, in meinen kritischen Fächern (Biologie, Deutsch und Mathe) auf eine 3 zu kommen. Das gibt mir ein gutes Gefühl der Sicherheit für das kommende Schuljahr. Meine Lernverhalten hat sich klar zum Positiven verändert, ich organisiere meine Lernzeit, und mein Arbeitsplatz ist aufgeräumt und gut gestaltet. Weil ich nun meine Zeit besser im Griff habe, habe ich auch mehr Zeit für meine Hobbys.

3. Mein konkretes Ziel

Ich habe am Schuljahresende einen Notenschnitt von 2,4 im Zeugnis!

4. Meine Maßnahmen

Maßnahme	bis wann?	ok
Ich besorge mir das Buch „Zeitmanagement – fit in 30 Minuten“ und organisiere meine Zeit neu	sofort	
Ich gestalte meinen Arbeitsplatz wie Walt Disney.	sofort	
Ich lege für jedes Fach einen eigenen Ordner an.	1.7.	
Ich reserviere täglich zwei Stunden Lernzeit in meiner Zeitplanung.	sofort	
Ich lerne für Biologie, Deutsch und Mathe jede Woche zusätzlich drei Stunden.	sofort	
Ich lege für Biologie eine Lernkartei an.	1.6.	
Ich lerne mit Nick jede Woche zwei Stunden Mathe.	ab 12.6.	

Schließ einen Vertrag mit dir!

Einen Vertrag mit sich selbst zu schließen, kann eine äußerst wirksame Methode zur eigenen Motivation sein, die dich täglich anspornt.

Das Ziel und der Zeitpunkt
Hier notierst du dein konkretes Ziel, das du bis zu einem bestimmten Zeitpunkt erreichen möchtest. Achte dabei auf die richtige Formulierung.

Die Maßnahmen
Trage ein, was du bis wann unternehmen wirst, um dein Ziel zu erreichen.

Die Belohnung
Überleg dir eine Belohnung für die Zielerreichung. Vielleicht kannst du ja auch deine Eltern dafür gewinnen.

Ort, Datum und Unterschrift
Dies ist sehr wichtig, da dein Vertrag somit „verbindlich" wird.

Du kannst den Vertrag auf der nächsten Seite gerne kopieren bzw. vergrößern oder, noch besser, auf deinem Computer ein eigenes Vertragsformular entwerfen. Am besten hängst du den Vertrag an einem sichtbaren Ort auf oder verwahrst ihn so, dass du ihn täglich vor Augen hast.

Vertrag

Ich verpflichte mich, bis zum
folgendes Ziel umzusetzen:

Um mein Ziel zu erreichen, ergreife ich folgende Maßnahmen: sofort bis

Für das Erreichen meines Ziels
belohne ich mich mit:

Ort, Datum, Unterschrift

Denk daran, dass fast jede gute Idee und fast jeder gute Vorsatz spätestens nach drei Tagen uninteressant wird. Nutze deshalb deine Motivation jetzt sofort und verpflichte dich per Vertrag. Wenn du das gesteckte Ziel erst einmal erreicht hast, dann befindest du dich in der „Erfolgsspirale" und wirst eine Menge Rückenwind für deine nächsten Ziele erhalten.

Also: Plane deinen Lernerfolg – ***jetzt!***

Zusammenfassung

- **Ziele sind wichtig! Nur wer weiß, wohin er möchte, hat auch die Chance, dort zu landen.**
- **Ziele müssen in kleinere Etappen eingeteilt und geplant werden, damit du weißt, welche Schritte notwendig sind, um deine Ziele auch zu verwirklichen.**
- **Eine erfolgreiche Methode zur Selbstmotivation ist es, einen Vertrag mit sich selbst abzuschließen. Dabei verbriefst du dein Ziel und die zu ergeifenden Maßnahmen.**

- **Beginne sofort mit der Planung – und nutze so deinen momentanen Antrieb, den eigenen Erfolg in die Hand zu nehmen.**

7 (plus 1) starke Lerntipps

Zum Abschluss unseres Buches, das dir hoffentlich Spaß gemacht und eine Menge neuer Anregungen vermittelt hat, möchten wir dir zusammenfassend noch einige Lerntipps mit auf deinen Erfolgsweg geben.

Tipp 1

Lerne mit allen Sinnen!

Je mehr Lernkanäle beim Lernen beteiligt sind, umso mehr nutzt du die Möglichkeiten und Fähigkeiten deines Gehirns.

Tipp 2

Lerne häppchenweise!

Dein Gedächtnis kann nur eine bestimmte Menge an Informationen aufnehmen und verarbeiten. Deshalb ist es wichtig, den Lernstoff in sinn-volle Häppchen aufzuteilen.

Tipp 3

Knüpfe dein Wissensnetz!

Je mehr du zu einem Thema weißt, umso leichter fällt es dir, Neues hinzuzulernen. Neue Informationen werden von deinem Gedächtnis daraufhin überprüft, ob sie an schon vorhandenes Wissen angeknüpft werden können. Ist dies der Fall, so wird die neue Information leicht in das vorhandene Wissensnetz eingefügt und besser behalten.

Tipp 4

Setz deine Stärken ein!

Nutze deine starken Lernkanäle. Mach deshalb zu Beginn einen Lerntypentest. Arbeite zusätzlich mit erfolgreichen Lernstrategien, Mind Mapping, Karteikartentechnik etc., um effektiver lernen zu können.

Tipp 5

Lerne am richtigen Ort und zur richtigen Zeit!

Der richtige Lernort und die richtige Lernzeit sind eine Grundvoraussetzung für konzentriertes Lernen und Arbeiten. Finde deine persönliche Tagesleistungskurve und gestalte deinen Lern- und Arbeitsplatz wie Walt Disney.

Tipp 6

Entspann dich!

Stress und Angst sind die größten Gedächtniskiller, die das Denken blockieren und frustrieren. Mit einfachen Mentalübungen kannst du sie besiegen.

Tipp 7

Steck dir Ziele – plane deinen Lernerfolg!

Nur wenn du Ziele hast, macht das Lernen auch wirklich Spaß. Mit der richtigen Zielplanung gelangst du schließlich auf die Erfolgsspur.

Zusatz-Tipp

Nutze das Internet!

Es gibt mittlerweile eine Menge guter Internetseiten für Kids zum Thema Lernen. Du kannst dabei das Web vielseitig nutzen, z. B. bei den Hausaufgaben, zur Vorbereitung von Referaten, zur Vorbereitung auf Klassenarbeiten etc.
Folgende Seiten können wir dir z. B. empfehlen:

www.dbs.schule.de
www.zum.de
www.young.de
www.spickzettel.de
www.schuelerweb.de
www.hausaufgaben.de
www.zahlreich.de

und unsere Website:
www.lernteam.de

Viel Erfolg und Spaß wünschen dir
Dirk Konnertz & Christiane Sauer

Weiterführende Bücher

Birkenbihl, Vera F.: *Das „neue" Stroh im Kopf?*
36. Auflage. Offenbach: GABAL Verlag 2000

Kirckhoff, Morgens: *Mind Mapping*
12. Auflage. Offenbach: GABAL Verlag 1998

Konnertz, Dirk & Sauer, Christiane: *Abi mit Methode*
Bayreuth: Schmidt Verlag 1998

Konnertz, Dirk & Sauer, Christiane: *Fit für die Zukunft*
Bayreuth: Schmidt Verlag 1999

Konnertz, Dirk & Sauer, Christiane & Kneip, Wilfried:
Lern-Landkarten
Mühlheim a.d. Ruhr: Verlag an der Ruhr 1998

Sauer, Christiane & Konnertz, Dirk:
Power-Gedächtnis – fit in 30 Minuten
Offenbach: GABAL Verlag 2000

Seiwert, Lothar J. & Konnertz, Dirk:
Zeitmanagement – fit in 30 Minuten
Offenbach: GABAL Verlag 2000

Svantesson, Ingemar: *Mind Mapping und Gedächtnistraining*
5. Auflage. Offenbach: GABAL Verlag 1998

Stichwortregister